AF258802

S. CARDOZE

LINA

HISTOIRE VRAIE

PARIS
CHEZ TOUS LES LIBRAIRES
—
1850

LINA

Paris. — Imprimé chez Bonaventure et Ducessois.

JULES CARDOZE

—

LINA

HISTOIRE VRAIE.

——

PARIS

CHEZ TOUS LES LIBRAIRES

—

1860

A mon Ami

LÉON COGNIARD.

I

On traverse une cour, puis deux ; un escalier

Triste, noir, tortueux, vous conduit au troisième,

Après bien des efforts, sur un vilain palier.

Sonnez, si vous l'osez, à peine entré l'on aime.

2

11

Elle a seize ans , des yeux noirs et doux, des cheveux

Franchement ondulés et lancés en arrière,

Des lèvres qui devraient ne dire que : Je veux !

La voix de Madeleine exhalant sa prière ;

Les dix doigts de l'Aurore, un sein emprisonné
Tout gonflé de soupirs aux larmoyantes notes,
Captif dans un cachot sans cesse baleiné,
A qui l'on est contraint de mettre les menottes.

On la surprend parfois couchée en son fauteuil,
Relevant—de deux doigts—sa robe en moire antique,
Juste assez pour vous faire entrevoir d'un coup d'œil,
Du pied de Cendrillon la bottine élastique.

Voici Lina, le soir, assise au coin du feu,
Insouciante ou folle, au gré de son caprice,
Car pour elle l'amour ne fut jamais qu'un jeu
Sans soupirs ni regrets, sans pleurs ni sacrifice.

III

Comment j'ai rencontré, dans un moment d'ennui,
—Entre un long bâillement et de folles idées,
Les seize ans de Lina?—Comment alors j'ai fui
Soupers, amis, plaisirs, femmes dévergondées,

Promenades au bois, steeple-chase et jockey,
Mollets en caoutchouc de nos jeunes danseuses,
L'amour de ma maîtresse et le vin de Tokay,
—Rêves réalisés de mes nuits paresseuses?—

Parbleu! comme un poëte arrive à l'idéal,
Comme monsieur Mirès rencontra la Fortune
—Qui, s'étant oubliée un soir de carnaval,—
Voulut bien avec lui faire bourse commune;

Comme on tombe d'aplomb sur certain créancier,
Comme on naît écrivain, comme on devient ministre,
Comme on voit un monsieur s'ériger financier
Qui fut jadis marchand, fripon, gredin ou cuistre,

Comme un jour Béranger rencontra sa Lisette,

Comme on voit la rosière accoucher d'un bâtard,

Comme on naît grande dame, ou danseuse, ou grisette,

Comme on trouve Paris sous Pékin :—par hasard !

IV

Bourgeois, provinciaux, crétins, hommes d'esprit,
— Un soir de carnaval, quand on ne sait que faire ,—
Avec la face gaie ou le regard contrit—
Dites, avez-vous pu trouver à vous distraire

Au bal de l'Opéra?—Quand les étroits couloirs

Ont jeté dans la salle une bruyante foule—

Et que l'orchestre chasse à coups de refouloirs

Les dominos craintifs, à l'abri de la houle ;

Quand monsieur Strauss debout a levé son bâton

Et que chaque danseuse a trouvé son Joconde,

Certes, avec un peu plus ou moins de bon ton,

Tout s'y passe, mon Dieu, comme dans le grand monde :

Pierrot enfariné danse avec Arlequin,

Colombine cancane en face de Cassandre

Et, sans plus de façons, lance son brodequin

Par-dessus le lorgnon de son gandin Léandre ;

Orgon, après avoir fermé son coffre-fort,

Montre nonchalamment le plumet de son casque

A certains dominos qui, dans les corridors,

Peuvent impunément se promener sans masque ;

Un monde de pierrots, deux mondes de titis,

Maître Satan avec son cortége de vices,

Des paillasses badins, des chicards abrutis

Et des bébés criards en quête de nourrices,

Mousquetaires, marins, lanciers, moines, sultans ,

Eunuques et pachas, astrologues, folies,—

Tout ça tourbillonnant dans de fougueux cancans ,

Plaisir sans lendemain qu'on jette aux gémonies !

Enlevez chaque masque :—Époux trompeurs, trompés,
Camériste voleuse et femmes adultères,
Dandin au bras d'Arthur, avec Joseph groupés,
Le cousin de Madame, un mouchard, des lingères.

Aux premières, un comte embrasse madame X
Qui se laisse conduire en un coin de la loge,
Plus loin, un domino va traverser le Styx
Avec un avocat, en guerrier allobroge ;

Plus haut, une pierrette entortille un fakir ;
Plus haut, un débardeur reboutonne sa veste ;
Plus haut, je ne vois rien, mais j'entends un soupir...
Il est temps de descendre,—on devine le reste.

V

Deux dominos passaient, je m'ennuyais tout seul ;
—Quand un bal agonise en faut-il davantage
Pour quitter son fauteuil, comme un mort son linceul,
Et venir leur barrer carrément le passage ?

Deux douzaines d'Ostende, un flacon de bordeaux,

Filets aux champignons, ortolans en brochette ;

Quand la main est petite on va jusqu'aux perdreaux,

Et le rideau se lève en entrant chez Vachette.

C'est la mode: l'on peut, sans paraître insolent,

Lancer un déjeuner en l'air, comme une pièce,

Il se trouve toujours un regard indolent

Qui guette, bouche ouverte, et happe avec adresse.

VI

O Lina ! Le hasard ou la fatalité

T'entraînait, ce soir-là, par un pan de ta robe,

Quand je te vis venir, ivre de liberté,

Dans un de ces moments où le cœur se dérobe.

Enfant,—tu voulais vivre, apprendre et tout savoir ;

Homme,—je savais tout, et pouvais tout t'apprendre ;

Quand c'est écrit là-haut, il suffit de se voir,

Ici, quand on se voit, il suffit de s'entendre.

VII

. . . .

Quand il fallut rentrer au logis le matin,

Elle donnait encor le bras à sa compagne ;

Mais sa lèvre, ondoyée hier avec du champagne,

Me soupira tout bas : Au revoir, à demain !

VIII

Rester seul, éperdu, faire un rêve impossible,

Fumer—sans y songer—un paquet de tabac ;

Aller voir des soldats s'exercer à la cible ;

Rrie avec son portier, acheter un hamac ;

Aller chez des amis dont on cherche l'adresse ;

Réfléchir au destin des chevaux d'omnibus ;

Relire les billets d'une ancienne maîtresse ;

A la fin d'un journal, déchiffrer un rébus ;

S'enfermer—tout un soir d'été—dans un théâtre,

Passer toute la nuit à forger un quatrain,

—En maudissant la muse indocile et marâtre,—

Que ne ferait-on pas pour attendre—demain !

I X

Le lundi je lui fis ma première visite,

Rêvant Almaviva, Rosine et Figaro.

Tout fut froid ;—mais le temps et l'amour marchent vite,...

Le jeudi nous étions au-dessus de zéro.

Le vendredi suivant on fut mélancolique,
—Nous avions pris chacun de petits airs penchés;—
Mais aujourd'hui le siècle est fort peu platonique
Et donne volontiers des amours—panachés.

Chaque fois, en partant, je m'informais de l'heure
Où, sans les déranger, je pourrais les revoir ;
Mais un jour on me dit : Voici notre demeure,
Nous y sommes le jour et fort souvent le soir.

Nous n'avons pas d'amis, nous vivons toutes seules ;
Quand vous voudrez passer la soirée avec nous,
Nous sommes sans façons,—ni libres, ni bégueules,—
Ainsi vous n'avez plus besoin de rendez-vous.

X

Qui n'a jamais senti son cœur bondir de joie

Sous le charme inconnu de ses plaisirs futurs,

Guetté l'objet aimé—comme un vautour sa proie,

Écrit—sans y songer—son nom sur tous les murs ;

Qui n'a jamais chanté la romance docile
Qu'on compose en chantant et qu'on chante en marchant;
Qui n'acheta jamais un objet inutile—
Pour donner le plaisir d'une vente au marchand ;

Qui n'a jamais rêvé de brillante auréole,
De talents et d'honneurs—sans s'en apercevoir ;
Qui ne s'est retourné pour porter une obole
Au pauvre qu'on avait dépassé sans le voir ;

Qui ne sait pas avoir des moments d'indulgence
Pour les petits travers qu'on trouve à chaque pas...
—Ne caressa jamais une folle espérance,
Cette voix de là-haut qui vous dit : Tu l'auras !

XI

O les premiers zéphyrs, encor tout grelottants,

Qui portent aux troncs nus de jeunes feuilles vertes,

Qui viennent vous siffler la chanson du printemps

Et qu'on reçoit toujours les fenêtres ouvertes !

O les premiers rayons de Monseigneur Soleil

Qui frappe aux contrevents, le matin de bonne heure,

Rit aux éclats devant vos yeux pleins de sommeil

Et vous entraîne aux champs—loin de votre demeure!

O les champs! où l'on peut vivre si bien à deux,

Se parfumer de fleurs au lieu d'eau de Cologne,

Où tout être qui vit—et se sent amoureux—

Chante sa passion au grand air—sans vergogne.—

Les oiseaux amoureux s'accouplent dans les airs,

Les garçons amoureux appellent les dimanches,

Les arbres amoureux prennent aussi des airs

De vouloir se presser tendrement dans leurs branches;

Le ruisseau plein d'amour prend la taille au vallon,
Le soleil amoureux fait la cour à la terre...
« Aimez-vous !—le temps a des ailes au talon,
« Chantez, dit la nature,—un jour il faut se taire ! »

O les bons déjeuners, au milieu des grands foins,
Où les baisers brûlants remplaçaient la cuisine,
Où le ciel, le soleil—de nos amours témoins—
Derrière un gros nuage allaient à la sourdine !

O la messe au lutrin—le dimanche, à midi !—
O le retour à deux dans la lourde carriole !
O le cheval poussif—au ventre rebondi—
Qu'une mouche obstinée impunément désole !

O les doux entretiens—quand commence la nuit,

Que l'horizon s'endort dans une vapeur sombre,

Et qu'on entend parfois la brise qui bruit

Dans les hauts peupliers se profilant dans l'ombre!

Ce qu'on se dit alors?—Demandez aux oiseaux—

Qui regagnent leurs nids—ce qu'ils peuvent se dire?

Demandez au cheval—quittant ses tombereaux—

Quand il hennit si fort, le soir—ce qu'il désire?

Ce qu'on se dit alors;—demandez à tous ceux

—De l'être intelligent jusqu'à la bête brute—

Ce qu'ils ont à se dire, en marchant deux à deux,

Le soir, vers leur maison, leur nid, leur trou, leur hutte.

5

XII

Du jour où, par hasard, elle fut ma maîtresse,

—Courant sous l'aiguillon de la curiosité,—

Je mis la muselière à ma folle jeunesse,

Tandis qu'elle enchaînait aussi sa liberté;

Mais quel est donc celui qui scrute l'avenir,

Quand le parfum brûlant de l'amour vous enivre ?

L'amour, comme l'argent, ne doit jamais finir,

Pense-t-on, et l'on doit, ma foi, se laisser vivre...

XIII

L'adolescent qui quitte, un beau jour, le collége ;

Court au bal Markowski risquer une polka ,

Il lorgne sa danseuse et se dit : Oserai-je ?

Il ose et—tout tremblant—il se dit : Eurêka !

Quand il a gaspillé jeunesse, argent, gaîté—
Et qu'il voit qu'à ce jeu l'on perd plus qu'on ne gagne,
Il change—tout d'un coup—son amour de côté,
Sans songer que l'hymen est un mât de cocagne ;

Puis arrive, à son tour, l'impuissante vieillesse,
Jetant sur le tapis son vieux cœur pour enjeu...
Il va de confiance et sa jeune maîtresse,
—Aimant bien la famille,—entretient le neveu.

C'est la loi d'ici-bas—fatale, inexorable,—
Exemples et leçons n'y pourront changer rien ;
Infortune ou bonheur—il n'est rien de durable ;
Qui commence en Arthur doit finir en Dandin !

XIV

Nous allions, effeuillant notre existence au vent,—
Et sans jamais jeter un coup d'œil en arrière;
On se boudait parfois, on s'embrassait souvent—
Et l'on s'endormait bien, sans faire la prière.

A quoi sert de prier? A vingt ans a-t-on peur

Du Diable et de l'Enfer ? On croit à la nature...

Et n'est-ce pas assez bénir le Créateur

Que de pouvoir aimer, un peu, la créature ?

XV

Au milieu des refrains, nichés sous notre toit,

—Et tout en nous donnant bonne et joyeuse vie,—

Un jour il m'arriva de terminer mon droit...

Et Lina devenait forte en philosophie :

Elle levait l'épaule en parlant d'autrefois,

Quand je lui bégayais quelques mots de tendresse,

De cette voix timide—et de ce ton sournois

De l'intrigant qui flaire une jeune maîtresse.

Elle riait du temps, où, toujours à genoux—

Ma passion était, disait-elle, pressée,—

Et que, voyant ce temps qui fuyait devant nous,

Je lui disais tout bas cette phrase insensée :—

« O permettez, Lina, qu'à vos pieds étendu,

« Et la main dans vos mains, pour un instant j'oublie

« Ce qu'on fait au dehors ; haletant, éperdu,

« Je n'ai d'yeux que pour vous ; oh ! je vous en supplie...

« Oublions le destin qui pèse sur nos sorts ;

« Laissons l'heure qui fuit et le malheur qui passe ;

« Lina, si le bonheur en un instant s'efface,

« Savourons un moment de plaisir—sans remords ;

« Car peut-être la voix qui vous dit : Oublions !

« Demain aura quitté ma lèvre à jamais close,

« Si le plaisir—ainsi qu'une fleur fraîche éclose

« Ne peut vivre qu'un jour, mourons, mais sourions ! »

XVI

Quand on possède encore un agaçant minois,

Qu'un public applaudit votre chorégraphie,

Certe, il est bon d'avoir de la philosophie ;

Mais pourquoi se moquer et rire d'autrefois ?

XVII

Autrefois,... c'est l'essaim de nos illusions,

Avant que le malheur vienne enfumer leur ruche ;

C'est notre beau printemps qu'on voit en visions,

L'hiver, en écoutant la chanson de la bûche ;

C'est le premier désir, c'est la première larme,
C'est le plaisir, l'amour,—entrevus vaguement;—
C'est le chant de bonheur avant le cri d'alarme,
C'est l'inconnu voilé, c'est le moment d'avant;

Autrefois!... c'est l'amour précédant la sagesse,
C'est tout ce que l'on vit que l'on ne peut plus voir;
C'est le livre de vie au chapitre Jeunesse,
C'est tout ce que l'on eut qu'on ne peut plus avoir.

XVIII

Connaissant le moyen,—par longue expérience,—
De chasser de chez moi l'oisive indifférence—
Et préférant du reste être tous deux que trois,
Je pris un logement tout à fait sous les toits.

D'autre part, sachant bien qu'il n'est femme si forte

Qui n'ait besoin parfois qu'on verrouille sa porte,

En descendant, je dis au concierge : Je sors,

Et s'il vient un ami me chercher,—je suis mort !

XIX

Mères, époux, amants,—fermez, cadenassez
Colombine ou Manon,—maîtresse, femme ou vierge..
Il est un visiteur qu'on ne peut pas chasser—
Et qui monte chez vous, sans parler au concierge.

Quand vous fermez la porte il est sur le palier,

Il guette de côté celle qu'on claquemure—

Et, vous êtes à peine au bas de l'escalier,

Qu'il enjambe déjà le trou de la serrure.

Il est toujours vêtu d'un long habit de deuil;

Il s'accoude à la table où brode l'ouvrière,

Lui fait voir l'âtre éteint, la chambre sans fauteuil —

Et lui siffle tout bas quelque refrain d'Asnière.

A celle qui n'a rien—il donne le désir

Et fait voir le bonheur,—par la fenêtre ouverte;—

A celle qui vit seule, il montre le plaisir,

L'amant rêvé, les bois et la pelouse verte;

7

A l'une il montre au bout la faim, le désespoir—

Et, pauvre amant, un jour ta maîtresse se tue ;

A l'autre il dit : « Pour être heureuse,... il faut vouloir!

O mère, et ton enfant, vierge se prostitue !

Mères, époux, amants, méfiez-vous de lui

Quand vous quittez, le soir, maîtresse, femme, ou vierge;

Il est un visiteur qui se nomme l'Ennui—

Et qui monte chez vous, sans parler au concierge.

X X

O ma chère Lina, voilà le bon apôtre
Que je laissai chez moi, près de vous—un matin ;
Qui vous fit entrevoir qu'on peut aimer un autre
Et qu'un premier amour peut avoir une fin.

Il mit d'autres baisers sur votre chaste bouche,
Vous fit voir le plaisir avec la liberté,—
Sans vous dire, qu'avec votre pudeur farouche,
Vous alliez perdre encore une virginité.

Et vous l'avez suivi, sans laisser une ligne,
Et vous m'avez quitté, sans laisser d'autre adieu
Dans la chambre sans feu—que la feuille de vigne
Qui cachait votre cœur—étendue au milieu!

O ma chère Lina, qu'êtes-vous devenue
La nuit où j'attendis en vain votre retour—
Et qu'au seuil de la porte, appuyé, tête nue,
O ma chère Lina, j'ai pleuré jusqu'au jour?

Vous n'aimiez pas le bal et vous dansiez peut-être
Dans quelque bouge infect; vous aviez peur du vin
Et, peut-être avez-vous—pour faire disparaître
Vos regrets,—bu souvent, dansé jusqu'au matin.

Sans doute vous suiviez dans une folle orgie—
Et sans savoir comment—quelque éhonté courtois,
Tandis que l'œil en feu, la paupière rougie,
Lina, je relisais vos lettres d'autrefois.

Après le premier pas—qui fit tomber le charme
Qui servait de fermoir aux vieilles chastetés,—
Vous avez, ô Lina, brisé—sans une larme—
Le fil qui retenait vos infidélités.

Et j'étais là tout seul, et je prêtais l'oreille

A tous ces bruits lointains qu'un amoureux entend,

Lorsque toute la nuit, silencieux, il veille

Près du lit toujours veuf de celle qu'il attend.

Mais vous ne vîntes pas ; j'entendis la pendule

Rire à chaque seconde avec votre portrait—

Et je me pris enfin à trouver ridicule

La douleur que depuis si longtemps je souffrais.

Quand je vis qu'à vous perdre il fallait me résoudre,

Je pris un pistolet rouillé, tout refroidi,

Et dans un vieux tiroir je trouvais de la poudre...

Comme notre pendule allait sonner midi !

X X I

Les aiguilles ensemble arrivent au poteau.—
Mon cœur qui n'aime plus n'est qu'un affreux viscère ;
Le mouvement s'étire et lève son marteau,—
Commissaire-priseur qui clôture une enchère.—

XXII

Un ! Deux ! Trois ! Quatre ! Allons, notre flamme crépite,
Elle n'a plus de quoi brûler jusqu'à demain ;
Le dénoûment prévu, Lina, se précipite,
Sous ce premier amour écrivons le mot : Fin !

Cinq ! Six ! Sept ! Huit ! Hélas ! c'est mon adolescence
Que va porter en terre un convoi de regrets ;
Mes souvenirs ont pris un air de circonstance...
Il faut leur dire : Adieu ! Les croquemorts sont prêts.

Neuf ! Dix ! Onze ! Un coup sec arma la batterie ;
Un dernier chant d'amour à mon cœur bourdonna,
—Suprême vision d'une âme à l'agonie...—
Midi !...—J'anéantis le portrait de Lina !

XXIII

Tout change : maintenant, garde national,

Je me suis marié;—chaque soir quand je rentre

Deux obèses bambins me tapent sur le ventre—

Et m'obligent à jouer avec eux au cheval.

Parfois, après dîner, je rêve aux jours passés,

—Quand je fumais ma pipe au lieu d'un bon cigare;—

Mais alors le Devoir vient bientôt crier : Gare!...

Et je laisse dormir les amours trépassés.

ÉPILOGUE.

A l'heure où le bourgeois verrouille sa boutique,

Que le mari s'endort sous le toit domestique;

A l'heure où ce damné monsieur de Cupidon

Donne aux hommes l'amour, aux dames l'abandon,

Conduit au célibat la femme instituée

Tout exprès ; quand Paris—grande prostituée—

Ouvre ses larges flancs aux folles voluptés ;...

Qu'on aperçoit partout des hommes arrêtés

Guettant une Aspasie à chaque coin de rue,—

Je vois parfois passer une fille vêtue

De brillants oripeaux. Elle lève souvent

Ce qu'on laissait jadis relever par le vent—

Et son mollet cambré, qu'un bas à jour dessine,

Sous sa robe de soie élégamment lutine.

Elle a bien soin de voir si quelque galant suit ;

—La nuit les chats sont gris, eh bien! puisqu'il fait nuit,—

Si vous voulez savoir où va la demoiselle,

Suivez... elle est bientôt à deux pas de chez elle...

On traverse une cour, puis deux : un escalier

Triste, noir, tortueux, vous conduit au troisième,

—Après bien des efforts—sur un vilain palier ;...

La porte est entr'ouverte , à peine entré... l'on aime.

FIN.